Inhalt

Rohstoffrausch in Lateinamerika - Ölreichtum lässt "Sozialismus des 21. Jahrhunderts" erblühen

Kernthesen

Beitrag

Fallbeispiele

Zahlen und Fakten

Weiterführende Literatur

Impressum

Rohstoffrausch in Lateinamerika - Ölreichtum lässt "Sozialismus des 21. Jahrhunderts" erblühen

Autor GENIOS BranchenWissen: A.Schneider

Kernthesen

- Der globale Rohstoffboom lässt die Wirtschaftskraft in Mittel- und Südamerika im fünften Jahr in Folge steigen.
- Brasilien und Mexiko liegen vorne. In Venezuela, Bolivien und Ecuador mischt der Staat in der Wirtschaft immer stärker mit und erschwert Investitionen von ausländischem Kapital.
- Brasilien könnte sich mit dem Fund des

Tupi-Ölfelds an die Spitze der südamerikanischen Ölindustrie setzen. Die Energiegewinnung aus Kernkraft soll ausgebaut und die brasilianische Ethanolindustrie ins Ausland "exportiert" werden.

Beitrag

Die Wirtschaft Lateinamerikas wächst dank ihrer Rohstoffe kräftig und mit ihr blüht in der Region die neue Linke bzw. der "Sozialismus des 21. Jahrhunderts", wie er exemplarisch von Venezuelas Präsident Hugo Chávez vorangetrieben wird.

Rohstoffboom lässt Wirtschaft wachsen, Verstaatlichung nimmt zu

In Mittel- und Südamerika steigt die Wirtschaftskraft im fünften Jahr in Folge. Das Bruttoinlandsprodukt (BIP) der Region wird dieses Jahr um durchschnittlich fünf Prozent zulegen, 2008 sollen es 4,6 Prozent sein, so schreibt die Uno-Wirtschaftskommission für Lateinamerika (Cepal) in ihrer jüngsten Prognose. Ein wichtiger Wachstumsfaktor ist der globale Rohstoffboom und die damit einhergehenden derzeit hohen Preise für Rohstoffe wie Erdöl, Silber, Kupfer und Soja. (1)

Die einzelnen Länder verhalten und entwickeln sich freilich unterschiedlich.
Betrachtet man die Liste lateinamerikanischer Spitzenunternehmen, so liegen Brasilien und Mexiko in Führung: Brasilien stellt mit 207 Konzernen unter den 500 größten das mit Abstand größte Firmenkontingent, Mexiko folgt mit 111. Zusammen vereinen die beiden Staaten rund 70 Prozent der Wirtschaftskraft der Region. Deren Ökonomien sind auch am weitesten diversifiziert mit einem hohen Industrie-Anteil. In allen Ländern führen Konzerne der Branchen Öl und Gas sowie Bergbau die Unternehmenslisten an. Sechs der zehn größten Unternehmen, darunter die großen drei, kommen aus dem Energie- und Rohstoffsektor." [Abb.1], (2)

In Ländern wie Venezuela, Bolivien und Ecuador mischt der Staat in der Wirtschaft inzwischen kräftig mit. In diesen Ländern ist derzeit ein deutlicher politischer Linksruck im Gange. Ihren Ölreichtum wollen diese Länder nicht länger in die Kassen ausländischer Konzerne spülen, sondern selbst davon in möglichst hohem Maße profitieren. Die Staatsausgaben steigen, bestenfalls fließen die Gelder in Sozialprogramme. In Venezuela spricht man vom "Sozialismus des 21. Jahrhunderts".

Lateinamerikas Volkswirtschaften folgen damit einem internationalen Trend: Die Verstaatlichung in der Rohstoffbranche nimmt zu. Den privatwirtschaftlichen Ölkonzernen wie Shell, BP und Exxon Mobil stehen immer mehr Staatsbetriebe gegenüber. Ganz vorne liegen Saudi-Aramco aus Saudi-Arabien, Gazprom aus Russland und NIOC aus Iran. Doch auch CNOOC, CNPC, Sinopec (China), Kuwait Petroleum (Kuwait), Lukoil (Russland), Petrobras (Brasilien) und Petronas sind bemerkenswert.

Wenn die Regierungen die Investitionen von ausländischem Privatkapital erschweren, hat das mittelfristig negative Folgen. Private Ölgesellschaften ziehen sich zurück, die Ölförderung sinkt, Investitionen bleiben aus, weil das Geld fehlt. [Abb.3] Für Lateinamerika machen sich die rückläufigen ausländischen Investitionen bereits bemerkbar. Es hat im vergangenen Jahr an Wettbewerbsfähigkeit gegenüber anderen Regionen verloren: 2006 flossen 72,44 Milliarden Dollar ausländische Direktinvestitionen nach Mittel- und Südamerika - ein Anstieg von 1,5 Prozent gegenüber dem Vorjahr. Verglichen mit dem weltweiten Anstieg der Direktinvestitionen um 34 Prozent auf 1,23 Billionen

Dollar schnitt die Region jedoch schlecht ab. Die Region zog nur acht Prozent der Gelder an, die private und staatliche Multis 2006 weltweit investiert haben." (1)

Venezuela rückläufige Ölförderung trotz riesiger Ölreserven

Wer Benzin für nur 3 Cent pro Liter tanken will, der fahre nach Caracas. Venezuela hat die mit Abstand größten Erdöl- und Naturgasreserven Lateinamerikas. [Abb.2] Am Orinoco lagern vermutlich die bedeutendsten Ölreserven der Welt (geschätzt rund 300 Milliarden Fass). Dabei handelt es sich allerdings um ein schweres, teerartiges Erdöl, das in einem aufwendigen Verfahren zu marktfähigem Synthetiköl aufbereitet werden muss. Insgesamt sind Venezuelas Reserven vermutlich sogar größer als die von Saudi-Arabien.

In Zeiten rekordhoher Ölpreise ist das eine märchenhafte Situation, möchte man meinen. Doch Venezuelas Staatspräsident Hugo Chávez ist ein großer Anhänger eines starken Staates. In den vergangenen Jahren verstaatlichte er eine

Schlüsselindustrie nach der anderen. Privatunternehmen sind nur noch als Minderheitspartner geduldet. Kommunikation und Energie gingen in Staatshand über. So will sich der Staat die Öleinnahmen weitgehend unter den Nagel reißen. Danach wird der venezolanische Staat in allen Förderbetrieben die Kapitalmehrheit und die operative Leitung übernehmen. Die Ölindustrie erbringt 90 Prozent der Exporterlöse und mehr als die Hälfte der Staatseinnahmen.

Von den USA, die bisher die Technologie liefern und zudem den größten Teil des geförderten Öls abnehmen, wendet sich Chávez zunehmend ab. Seine Freunde sucht er in seinen Nachbarländern und ist dort mit großen Versprechungen unterwegs. Kuba hat er Hilfen von zwei bis drei Milliarden Dollar pro Jahr zugesagt, Argentinien soll Anlagen zur Rückwandlung von Flüssiggas zu Gas erhalten, Uruguay und die Karibikstaaten "hundert Jahre Öl", Bolivien Gasanlagen, Ecuador und Jamaika Raffinerien, der ganze Subkontinent ein Gasleitungsnetz von der Karibik bis nach Feuerland. Doch bisher gilt außer Spesen nichts gewesen. Kaum jemand rechnet wohl ernsthaft damit, dass diese Investitionspläne realisiert werden. (3), (4)

Denn trotz riesiger Einnahmen aus dem Ölgeschäft geht ihm so allmählich das Geld aus. Die

Erdölförderung ist rückläufig. Der eigenen staatlichen Ölgesellschaft Petróleos de Venezuela S.A. (Pdvsa) fehlt es an Fach- und Führungskräften. Es mangelt an Bohrgerät und die Produktion ist nur noch halb so hoch wie in den neunziger Jahren. In die Bresche sprangen bisher private Ölgesellschaften. Doch die hat Chávez inzwischen entweder ebenfalls verstaatlicht oder aus dem Land gedrängt (Exxon Mobil, Conoco-Phillips) oder zu Minderheitspartnern degradiert (Chevron, BP, Total). Und gewünschte neue Partner aus Russland, China und Iran gleichen die Lücke noch nicht aus.

Während die Förderung Venezuelas laut Angaben der Regierung täglich noch bei rund 3,2 Millionen Fass (159 Liter) Öl liegt, liegt sie gemäß Daten der Internationalen Energieagentur IEA oder des Ölkartells Opec tatsächlich bei 2,4 Millionen Fass und damit um etwa ein Viertel niedriger als 1998, dem letzten Jahr vor Amtsantritt von Chávez. Damals zählte Venezuela mit einer Tagesförderung von 3,3 Millionen Fass zu den fünf größten Ölproduzenten der Welt. Heute gehört Venezuela mit geschätzten 2,4 Millionen Fass am Tag nicht einmal mehr zu den größten zehn der Förderländer. (5), (6)

Ecuador und Bolivien - im

Schlepptau von Venezuela

Ecuadors Präsident Rafael Correa und Boliviens Staatschef Evo Morales fahren denselben Kurs. Rafael Correa will das Ölgeld in den eigenen Händen halten und verfügte daher Ende September, dass die Förderunternehmen aus Ländern wie Spanien, Frankreich, Brasilien, China und den Vereinigten Staaten künftig 99 Prozent aller "überschüssigen Einnahmen" an den Staat abführen müssen. Das betrifft alle Einnahmen, die aus der Überschreitung eines Basis-Ölpreises von etwa 24 Dollar je Fass resultieren. Die Folgen zeichnen sich bereits ab: Zwar sprudeln die Staatseinnahmen, doch die Ölförderung sinkt, und der Staatskonzern Petroecuador kann die rückläufige Förderung der privaten Ölgesellschaften nicht ausgleichen.

Evo Morales zwang im Mai 2006 den ausländischen Förderunternehmen auf gar nicht feine Art seinen Willen auf: er schickte das Militär auf die Öl- und Gasfelder. Statt wie bisher 20 Prozent müssen sie nun bis zu 80 Prozent der Einnahmen aus der Öl- und Gasförderung ab den bolivianischen Staat abgeben. Das ist zwar gut für den Staatshaushalt, aber schlecht für die Investitionen. (1)

Brasilien Tupi-Fund lässt

Ölindustrie frohlocken

Brasilien ist ebenfalls stark im Ölgeschäft; das Land ist ein großer Ölproduzent und ein bedeutender Ölverarbeiter. Es fördert täglich rund 1,9 Millionen Fass Öl und ist damit der Menge nach bereits seit 2006 Selbstversorger mit Erdöl. Doch muss Brasilien bisher täglich rund 300 000 Fass leichtes Erdöl importieren. Die Raffinerie-Kapazität soll bis 2015 von 1,8 auf 2,8 Millionen Barrel pro Tag erweitert werden. Brasiliens führender Ölkonzern heißt Petrobras. Er liegt zu 56 Prozent in Staatshänden, der Rest liegt bei privaten Investoren. Derzeit herrscht bei Petrobras dank des Tupi-Funds Hochstimmung. Wenn sich die vermuteten Ölvorkommen dort bestätigen, könnte Brasilien die vorherrschende Stellung der südamerikanischen Ölindustrie übernehmen und Venezuela abhängen.

Sehr gut positioniert ist Brasilien auch bei den Biotreibstoffen, vor allem bei aus Zuckerrohr gewonnenem Ethanol. Bis 2012 will der Konzern darum zusammen mit Partnern 3,4 Milliarden Dollar in die Produktion, den Transport und die Lagerung von Ethanol investieren.
Auch Staatspräsident Luiz Inácio Lula da Silva sucht Freunde auf dem eigenen Kontinent. Er reiste nach Honduras, Panama, Jamaica und Nicaragua, um die brasilianische Ethanolindustrie anzupreisen. Zwar

kamen bisher wenig konkrete Projekte zustande, aber immerhin schon technische Kooperationen für den Transfer von Ethanoltechnologie. Aussichtsreich ist auch Brasiliens Plan, von Mittelamerika aus Ethanol zollbefreit in die USA exportieren zu können. Etliche Staaten sind interessiert und wollen künftig Ethanol zum Benzin beimischen. (4), (8)

Doch Lulas Pläne in Sachen Ethanol reichen über den eigenen Kontinent hinaus. So ist er gerne auch in afrikanischer Mission unterwegs. Er will Afrika möglichst schnell zu einem bedeutenden Ethanol-Produzenten entwickeln und so eine Exportplattform für Europa schaffen. Denn die EU kann ab 2009 Ethanol aus Afrika zollfrei importieren und ist zudem für ihre Beimischungsprogramme auf importierten Biosprit angewiesen. (9)

Neben Öl und Ethanol setzt Lula auch auf die Energiegewinnung durch Atomkraft. Mehr als 500 Millionen Dollar sollen für die Atomprogramme des Landes bereitgestellt werden. Bisher tragen die Atomkraftwerke Angra I und II nur 2,5 Prozent zum gesamten Bedarf an elektrischer Energie im Land bei. Das Atomkraftwerk Angra III war vor zwanzig Jahren aus Geldmangel stillgelegt worden. Bis 2030 sollen vier weitere, moderne Kernkraftwerke gebaut werden. (10)

Fazit

Zwar hat Venezuelas Hugo Chávez jüngst eine empfindliche persönliche Schlappe erlitten, als er mit seinem Versuch, die Verfassung zu ändern und damit quasi "unkündbar" im Amt bleiben zu können, scheiterte. Doch seinen politischen Kurs ändern wird er voraussichtlich deshalb nicht. Dass dieser dem langfristigen Wohl des Landes und derjenigen Staaten, die seinem Beispiel nacheifern, dient, darf bezweifelt werden.

Fallbeispiele

Brasiliens staatlich kontrollierte Erdölgesellschaft **Petrobras** hat die Entdeckung eines riesigen Ölfelds vor der Küste seines Landes in rund 6 000 Metern Tiefe unter dem Meer bekannt gegeben. Tupi dürfte die bisher vermutlich größte Erdöllagerstätte des Landes sein und der weltweit größte Ölfund seit sieben Jahren. 5 bis 8 Milliarden Barrel (je 159 Liter) Rohöl sollen dort liegen. Die maximale Förderung entspräche damit fast dem gesamten Ölvorkommen Norwegens. Brasiliens Ölreserven von bisher 14

Milliarden Barrel würden damit um mehr als die Hälfte steigen. Petrobras ist seit fast einem Jahrzehnt an der Börse notiert und ist die wichtigste lateinamerikanische Aktie an der Wall Street in New York. (1), (8)

Venezuelas staatlicher Ölkonzern **Petróleos de Venezuela** konnte im vergangenen Jahr nur knapp vier Milliarden Dollar für Investitionen nutzen, da 13 Milliarden Dollar für Sozialprogramme draufgingen. Und auch Mexikos **Petróleos Mexicanos (Pemex)** musste zwei Drittel der Gewinne als Steuern abgeben. (2)

Zahlen & Fakten
Lateinamerika Top 15 Unternehmen

Rang	Unternehmen	Land	Branche	Umsatz 2005 in Millionen Dollar	Veränderungen zum Vorjahr in Prozent	Ergebnis 2005 in Millionen Dollar	Veränderungen zum Vorjahr in Prozent
1	Pemex	Mexiko	Öl und Gas	87.394	21,90	-7.179	k.A.
2	PdVSA	Venezuela	Öl und Gas	84.152	32,10	6.784	35,80
3	Petrobras	Brasilien	Öl und Gas	59.371	44,60	10.344	67,10
4	Comision Federal de Electricidad	Mexiko	Elektrizität	17.251	8,70	455	156,30
5	America Movil	Mexiko	Telekommunikation	17.142	37,30	2.978	94,60
6	Wal-Mart de Mexico	Mexiko	Einzelhandel	15.530	19,30	891	22,80
7	Telmex	Mexiko	Telekommunikation	15.335	18,20	2.652	4,10
8	Cemex	Mexiko	Zement	15.312	96,10	2.110	68,50
9	CVRD	Brasilien	Rohstoffe	14.525	40,00	4.462	83,30
10	Organizacion Techint *	Argentinien	Holding	11.325	76,40	k.A.	k.A.
11	General Motors *	Mexiko	Automobil	11.283	7,50	k.A.	k.A.
12	Empresas Petroleo Ipiranga	Brasilien	Öl und Gas	11.095	32,20	221	4,90
13	Codelco	Chile	Rohstoffe	10.491	27,90	1.780	56,90
14	DaimlerChrysler	Mexiko	Automobil	10.227	3,60	154	-26,70
15	Odebrecht	Brasilien	Holding	10.015	20,60	141	-55,80

* Geschäftsjahr endet zum 30.06.2005

Quelle: Handelsblatt, Unternehmensangaben, Latin Trade, America Economia

Entnommen aus: Handelsblatt, 04.10.2006, S. 23

Erdölreserven* in Lateinamerika nach Ländern 1990 2005

Land	1990	1995	2000	2004	2005
	in Millionen Tonnen				
Argentinien	317	309	427	372	322
Brasilien	379	560	1.080	1.413	1.499
Chile	38	38	19	19	19
Ecuador ***	198	295	295	645	645
Kolumbien	284	496	280	219	219
Mexiko	7.073	6.772	3.845	1.986	1.753
Peru	54	108	41	127	124
Trinidad	77	70	98	142	142
Venezuela **	8.257	9.018	10.750	10.801	11.151

* Sichere Reserven, Stand jeweils zum 31.12.
Daten z. T. rückwirkend revidiert, teilweise vorläufige Ergebnisse
** OPEC-Mitglied
*** Ecuador trat im November 1992 aus der OPEC aus

Quelle: Oil & Gas Journal, Petroleum Economist, IEA, UN Yearbook of Statistics

Entnommen aus: ExxonMobil Central Europe Holding Hamburg (Hrsg.), Oeldorado 2006, S. 4

Erdölförderung* in Lateinamerika nach Ländern 1990 2005

Land	1990	1995	2000	2004	2005
			in Millionen Tonnen		
Argentinien	25,9	37,5	40,4	37,9	36,5
Brasilien	32,60	35,50	63,20	76,50	84,20
Chile	1,20	0,60	0,40	0,40	0,50
Ecuador ***	14,90	20,10	20,90	27,30	27,30
Kolumbien	22,70	29,50	35,30	27,30	27,30
Mexiko	147,10	150,50	171,20	190,70	187,50
Peru	6,60	6,10	4,90	4,40	5,20
Trinidad	7,70	7,00	6,80	7,40	8,50
Venezuela **	115,9	152,4	171,6	153,5	154,4

* Erdölförderung einschließlich Kondensate, Naturbenzin, Flüssiggas und Öl aus Teersanden. Daten z. T. rückwirkend revidiert, teilweise vorläufige Ergebnisse.
** OPEC-Mitglied
*** Ecuador trat im November 1992 aus der OPEC aus

GBI-Gei bs Grafk

Quelle: Oil & Gas Journal, Petroleum Economist, IEA, UN Yearbook of Statistics

Entnommen aus: ExxonMobil Central Europe Holding Hamburg (Hrsg.), Oeldorado 2006, S. 4

Weiterführende Literatur

(1) Rohstoffboom beflügelt Lateinamerika
aus Handelsblatt Nr. 146 vom 01.08.07 Seite 7

(2) Im Rohstoff-Rausch
aus Handelsblatt Nr. 178 vom 14.09.07 Seite 21

(3) Venezolanische Energiephantasien
aus Frankfurter Allgemeine Zeitung, 17.08.2007, Nr. 190, S. 13

(4) Lula macht Chávez die Energiehoheit streitig
aus Handelsblatt Nr. 154 vom 13.08.07 Seite 7

(5) Auf dem Weg zum Petro-Sozialismus
aus Frankfurter Allgemeine Zeitung, 12.11.2007, Nr. 263, S. 14

(6) Die Revolutionäre bitten zur Kasse
aus Frankfurter Allgemeine Zeitung, 30.10.2007, Nr. 252, S. 12

(7) Ecuador verdonnert private Ölkonzerne zu erhöhten Abgaben
aus Handelsblatt Nr. 193 vom 08.10.07 Seite 13

(8) Brasilien auf dem Weg zum großen Ölförderstaat
aus Frankfurter Allgemeine Zeitung, 13.11.2007, Nr. 264, S. 12

(9) Brasilien weist den Weg in die Ethanol-Zukunft
aus Handelsblatt Nr. 185 vom 25.09.07 Seite 8

(10) Vom Luxus, Atommacht zu spielen
aus Frankfurter Allgemeine Zeitung, 25.07.2007, Nr. 170, S. 5

(11) Brasilien wird bedeutender Ölexporteur
aus Handelsblatt Nr. 220 vom 14.11.07 Seite 17

Impressum

Rohstoffrausch in Lateinamerika - Ölreichtum lässt "Sozialismus des 21. Jahrhunderts" erblühen

Bibliografische Information der deutschen Nationalbibliothek

Die Deutsche Nationalbibliothek verzeichnet diese Publikation in der deutschen Nationalbibliografie; detaillierte bibliografische Daten sind im Internet über http://dnb.d-nb.de abrufbar.

ISBN: 978-3-7379-2349-1

© 2015 GBI-Genios Deutsche Wirtschaftsdatenbank GmbH, Freischützstraße 96, 81927 München, www.genios.de

Alle Rechte vorbehalten. Dieses Werk ist einschließlich aller seiner Teile – z.B. Texte, Tabellen und Grafiken - urheberrechtlich geschützt. Jede Verwertung außerhalb der Grenzen des Urheberrechtsgesetzes bedarf der vorherigen Zustimmung des Verlags. Dies gilt insbesondere auch für auszugsweise Nachdrucke, fotomechanische

Vervielfältigungen (Fotokopie/Mikroskopie), Übersetzungen, Auswertungen durch Datenbanken oder ähnliche Einrichtungen und die Einspeicherung und Verarbeitung in elektronischen Systemen.